ERRATA

DES ÉCLAIRCISSEMENS

DONNÉS PAR LE MINISTRE,

DANS LA SÉANCE DU 24 MAI.

Dii, omen avertite.

PARIS,

CHEZ LES LIBRAIRES DU PALAIS-ROYAL.

29 MAI 1824.

ERRATA

DES ÉCLAIRCISSEMENS

DONNÉS PAR LE MINISTRE,

DANS LA SÉANCE DU 24 MAI.

« Mais qui donc trompe-t-on ici ? » disait Basile. Le cher homme, il n'est pas à la hauteur des circonstances ; l'esprit du siècle ne l'a pas encore pénétré : si l'innocent revenait à la vie, comme il en apprendrait de belles ! Et on ne lui ferait pas payer six francs par cachet ! La science court les rues. Est-elle donc émigrée des salons ? N'attendez point de réponse : voyez plutôt.

Qu'est-ce qui dure dans le monde ? qu'est-ce qui est toujours de mode ? La sottise, la folie, c'est plus honnête. Vous souvient-il encore comment la force alla se briser contre des remparts de glace ? Est-ce que la ruse serait plus chanceuse ? La pauvrette ! car la pitié est de tout bord ; elle ourdit vite et vite des toiles d'un fil presque aussi tenu que celui de l'araignée ; et la lumière n'en passe pas moins à travers, tandis qu'en doublant et triplant les fils de sa trame, c'est elle-même qui bientôt se voit enchaînée et des pieds et des mains : il ne lui reste que la langue.

Et que sert la langue, quand l'esprit n'y est plus? « En voulant séduire les autres, on s'est laissé induire soi-même ; en préparant la potion du fiiltre enivrant, les vapeurs qui s'en exhalaient sont montées à la tête, et la tête s'est perdue. » (*Dn bon Droit*, page 42.)

Faudra-t-il donc aller la chercher dans la lune? En vérité, qu'Astolphe ne fasse pas le voyage! Il est si beau! dit-on. C'est plutôt à Phébé de descendre sur terre, ainsi qu'elle fit pour Endymion. Pour peu qu'elle aime encore *le phébus*, il ne lui manquera pas.

Revenons à nos moutons, à nos agneaux, veut-on dire : pauvres rentiers! c'est vous, puisque vous êtes menés à la boucherie.

En vérité, on est à bout de sa patience. Voici l'agenda de la semaine : lundi, arrive le rapport du rapporteur, et de suite on se met à brocher un appendix, *De diis et heroïbus*, en guise d'apothéose pour ces banquiers, plus divins que les empereurs romains (car ceux-ci ne se faisaient dieux qu'après leur mort), pour ces banquiers qui, disait-on, se saignaient de 50 millions en faveur des moindres rentiers, comme pour remplacer, par la voie de la transfusion, le sang que la lancette de la loi, trop bien aiguisée, allait leur tirer.

Bien. Et cependant cet appendix, conçu à la sueur de son front, voilà qu'il faut le raturer aussi-tôt, attendu que les *Débats* du mardi déclarent, et l'on sait que c'est comme parole d'Evangile, que le tout est nié, dénié et renié par les ban-quiers, le Ministre et la commission.

Bien. Mais le *Constitutionnel* du mercredi ac-court, et en grande hâte, car c'est pour donner un soufflet aux *Débats*, qui, par parenthèse, ne doivent pas avoir augmenté de crédit auprès des royalistes, en qualifiant d'*échauffourée* la dernière crise de Lisbonne, en assimilant la levée de bou-clier d'un prince, qu'elle fût ou ne fût pas folle ou coupable, *a une scène à la Malet*. Le *Constitution-nel* accourt donc, rapportant, comme de vrai, en quelle manière, dans la séance du 24, le Ministre avait éclairci ou s'était éclairci, ainsi qu'il plaira de l'entendre, au sujet de la trop fameuse note des trop fameux banquiers.

Bien. Nouveau travail! faudra-t-il encore que ce soit l'ouvrage de Pénélope? Bon dieu oui. Comme chacun sait, le jeudi succède au mer-credi, et partant, les Débats du jeudi apparais-sent, toujours démentant ou mentant (on n'y peut aller voir, et en bon chrétien, on n'accuse jamais son prochain, si peu prochain qu'il soit):

démentant donc, ou du moins commentant le récit du *Constitutionnel*, de sorte à n'y plus rien entendre.

Bien. On se remet de rechef à l'œuvre, et cette fois on se hâte, on se bouscule, à seule fin qu'il n'advienne pas encore un fâcheux lendemain, avant que la journée soit finie.

Reprenons haleine. Délicieux *statu quo*, tu permets à l'écrivain de respirer! Et pourquoi ne se peut-il que tu étendes ta grâce jusqu'à permettre aux rentiers de boire et manger encore, de dormir encore, d'aimer encore et leur roi et leur Dieu, de vivre et vivre heureux? Hélas! on ne convoitait pas autre chose; et comme de raison, on ne convoitera ensuite que vengeance et que haine éternelle.

C'est donc aux *Débats* qu'il faut porter foi; on veut dire quant au récit, car le leur du moins ne court pas risque d'être démenti.

Or, le Ministre y parle. Et que dit-il, qu'a-t-il dit en somme? en bonne justice, ce serait à lui de le résumer. Quant à soi, on n'y voit que des A + B et des A — B, en sorte que rien ne ressemble mieux à un X, à l'inconnu des équations.

Il faut le prendre, le saisir, au paragraphe, le suivre mot à mot, épeler, pour mieux dire, comme à sa suite, à la remorque de ses phrases.

Phrasons donc. Le métier n'est pas mauvais.

que de gens n'en eurent jamais d'autre, et déjà ne sont plus des nôtres, canaille que nous sommes, et que nous serons toujours, car en bien comme en mal, il y a impénitence finale.

Allons! en vérité, la plume perd trop de temps, surtout trop d'encre, à qui l'encre coûte plus que le temps. Allons, maudite plume, tais-toi et parle donc.

Posons d'abord les faits : quoi qu'on veuille et quoi qu'on dise, encore est-ce de quelque utilité, que de savoir ce qui s'est réellement passé? On craint seulement que le public ne puisse en croire ni ses yeux, ni ses oreilles.

Le vrai peut quelquefois n'être pas vraisemblable.

Scripta manent : et c'est trop heureux, car les paroles volent tellement, que celles d'hier sont déjà évanouies de la mémoire, de façon à être trop souvent déniées et reniées, sans crainte de contrôles.

Documens officiels (Débats *du* 28).

Rapport de la commission. « La commission était au moment de terminer son travail, lorsqu'il lui est parvenu une note des banquiers réunis, annonçant que, modifiant leurs conventions avec le Ministre, ils consentaient à certaines conditions, à donner pendant cinq ans, aux moindres rentiers (jusqu'à concurrence de 4o millions), le un pour cent qu'éprouveront de réduction ceux des rentiers qui convertiront leurs cinq en trois pour cent ».

Observations du Rapporteur. « La Commission a dû penser que cette note, qui semblait présentée au nom des banquiers réunis, et comme objet convenu entre eux et communiqué au ministre, exprimait en effet le vœu de l'association......... Cette note a été remise à l'un des commissaires par un des banquiers indiqués par le Ministre, comme faisant partie de l'association. Il était donc naturel de croire qu'elle avait leur assentiment. »

Explication d'un noble duc. « Le bruit se répandit que les banquiers modifiaient leurs propositions : la Commission en parla au Ministre, lequel répondit qu'il avait en effet des propositions, mais qui, n'étant l'ouvrage que de l'une des parties intéressées, ne pouvaient être prises en considération. Est-ce un mensonge, est-ce une intrigue, ou seulement un mystère impénétrable? C'est une question qu'il laisse à résoudre à la Chambre. »

Lettre des banquiers au Rapporteur. « C'est un devoir pour nous de vous déclarer que la religion de la Commission a été surprise, et que nous ne lui avons point adressé la note dont parle votre rapport, ni aucune note quelconque. . . . .

Si les *certaines conditions* contenues dans la note, étaient telles qu'on le suppose dans le monde, loin d'entraîner des sacrifices, elles nous offriraient de *nouveaux* bénéfices : encore une fois, cette proposition, *si elle a été faite*, nous est tout-à-fait étrangère.

Lettre de M. Sartoris au rédacteur des Débats. « Le nouveau projet, après beaucoup de discussions antérieures, sans résultat, avait, en dernier lieu, eu l'assentiment formel de M. *Baring*, qui m'a également répondu de celui de M. *Rothschild.....* J'avais en vue d'améliorer la position de ces rentiers, objets bien légitimes d'une sollicitude générale..... Il est de la dernière évidence qu'en leur offrant comme nouvelle option, entièrement facultative de leur part, la conservation de leur intérêt à 5 pour 100, jusqu'en 1829, il en résultait une disposition toute en leur faveur. »

Certes, voilà bien des démentis, et notez qu'on a fait abstraction de tout ce qui a été dit par le Ministre.

Cependant, nous faisons déjà de l'histoire; et dans la critique historique, la science de la chronologie doit tenir le premier rang, car c'est elle qui constate les *alibi* de temps; ce qui ne laisse pas que d'être d'un grand prix.

On voit d'abord que, de la séance du 21 mai à la lettre des banquiers du 24, il s'est écoulé trois jours, trois grands jours, trois jours éternels, peut-être; si c'était par hasard qu'il y eût eu pendant tout ce temps, incertitude et inquiétude de n'obtenir pas la dénégation formelle des susdits banquiers. Et que dire de ce qui a pu et dû se passer pendant l'intervalle? On s'en doute bien, on n'en doute guère : mais cela ne sera écrit et déduit en chiffres que dans les comptes de l'année qui suivra l'année où les Ministres de cette année ne seront plus Ministres. Ne sera-ce que dans l'an 1840? Nous verrons.

En attendant, puisqu'il faut attendre, il résulte évidemment des documens, que la proposition transmise à la Commission n'entraînait aucune charge pour le trésor, et offrait aux rentiers une nouvelle option, une option réelle et libre cette fois, au moyen de laquelle ils pouvaient conserver leurs revenus actuels pendant cinq ans; et certes sous le coup d'une ruine éminente, cela ne laissait pas que d'être de quelque douceur.

Mais cette proposition émanée de la compagnie n° 4, était-elle sanctionnée par les autres compagnies? En rapprochant de la lettre de M. de Sartoris, les explications d'un noble duc, chevalier sans peur et sans reproche, on est forcé de tenir pour avéré, d'autant que les intéressés n'ont pas répondu à cette lettre, et désormais n'y pourraient répondre que trop tard, que le n° 2, autrement la compagnie Britannique, y avait d'abord donné son assentiment formel, et, de plus, que le n° 3, la compagnie Tudesque, avait été amenée enfin à y adhérer.

Et quelle compagnie y a résisté, quelle compagnie se joue du Ministre, et par suite de la France? Est-ce donc si difficile à deviner? Ce ne peut-être que le n° 1; que la compagnie soi-disant Française, et pourtant plus étrangère que nulle autre ; que la compagnie la plus libérale qu'il y ait en politique, la moins libérale qu'il y ait en finances ; en un mot, la compagnie sise en la Chaussée d'Antin, laquelle se soucie le moins du monde de faire verser *bien des larmes et même beaucoup de sang,* pourvu que ce ne soit que dans les réduits obscurs du Marais et des faubourgs. (*Un Mot sur le Rapport,* pag. 7.)

De telles choses ne doivent plus étonner, depuis que, grâce à M. Sartoris, qui s'est fait le héraut du ministère, nous connaissons par nom, prénom et surnom, les masques n° 1, n° 2 et n° 3. Dans le principe, suivant les éclaircissemens donnés par le Ministre, le n° 1 demandait un et demi pour cent de commission, c'est-à-dire 42 millions, autant que le n° 2, plus que le n° 3 ; et peu de temps après, le n° 3 qui se contentait d'un pour cent, est contraint d'accepter un quart en sus, parce que le susdit n° 1, d'accord avec le n° 2, ne vent pas le réduire.

Tu l'emportes, Israël, en générosité, en délicatesse, et sur *les Britannos toto orbe divisos,* et sur la *Gallia comata sive braccata!*

On se trompe : il y a l'honneur encore, il y a Français en France. Le n° 4 s'était déjà borné, le 18 mars, à un pour cent de commission, un quart au-dessous du taux accordé aux autres ; et il est mis hors de cour, comme cela était juste.

Or, le traité est signé le 22 au soir, veille du jour de l'ouverture des Chambres, car tout était perdu, *fors l'honneur,* s'il n'en eût pas été parlé dans le discours du trône. Est-ce avant ou après minuit ? qui peut le savoir ? mais au moins ce dut être bien avant dans la nuit : et ce fut à pleines mains, divin Morphée, que tu répandis alors tes bienheureux pavots sur cette tête, enfin, à qui il ne restait plus rien à désirer sur la terre !

Mais que le réveil fut rude et poignant! Dès le lendemain, le matin ou le soir, avant ou après le discours du trône, on n'en sait rien, car le Ministre n'en dit rien, voilà que le n° 4 offre de se charger de l'opération sans aucune commission : Brave et loyal numéro, que le ciel ne lui accorde-t-il le privilége ineffable de sortir le premier à chaque tirage de la loterie de France, en compensation de ce que le gros lot lui est induement refusé à la lotèrie du cabinet privé de Son Excellence !

Quel dommage cependant, car c'était, de compte fait, 35 millions de bénéfice pour le Trésor : et peut-être ce bon n° 4 aurait été amené à délaisser, en outre, aux pauvres rentiers, *objets bien légitimes* d'une sollicitude générale, la jouissance de leurs revenus actuels, comme il vient de le proposer à la Commission.

Labor improbus omnia vincit, se dit-il en lui-même ; si bien que ne se lassant point des rebufades, et n'étant point dégoûté par les mépris, il revient aussitôt que faire se peut, renouveler des offres analogues, à la Commission de la Chambre des Pairs, se croyant certain du succès après qu'il s'est fortifié de l'assentiment des numéros 2 et 5, car pour le n°. 1 , il est plus difficile de le réduire que cent mille rentiers à la fois.

Et le Ministre s'en fâche : « C'est *encore* cette compagnie, qui *sans doute* aura fait remettre la note, sous les yeux de la Commission. » Des reproches, des blâmes ! Et pourquoi ? Parce qu'elle entend y perdre, au lieu que les autres prétendent y gagner. N'est-ce pas un peu âpre et par trop rigide, même de la part d'un Ministre des Finances ?

Du reste, le Ministre ne se plaint de rien : ni nous non plus, ni les Pairs non plus, ni les rentiers, toutefois s'il se pouvait que la Chambre enfin éclairée, osât rejeter le projet !

Il se console et se rassure sur ce risque éminent, en garantissant par sa parole, et de plus par la lettre improvisée en trois jours, que les banquiers n'ont eu aucunes relations avec la Commission, oubliant tout à fait qu'il appartenait plutôt à la Commission de le dire elle-même, et de ne point rencontrer d'incrédules.

Ensuite le Ministre affirme, bien qu'il n'ait point d'autre autorité à l'appui, d'abord, qu'il y a eu concurrence, autant que la nature de l'opération le permettait ; *item*, qu'il y a eu publicité, et qu'elle dure encore ; *item*, que la publicité des conditions est complète. Ce sont ses propres expressions : et qu'expriment-elles donc ? Tout ou rien.

Enfin le Ministre fait lecture de quatre articles du traité, sur quoi on observe qu'il n'y avait nul motif de les dissimuler à la Chambre des Députés, car ils n'apprennent rien que tout le monde ne sache, et nul motif de les proclamer devant la Chambre des Pairs, car ils n'expliquent rien de ce que chacun voudrait savoir.

Et puis la toile se baise, et puis la loi passerait-elle, et puis qu'en adviendrait-il ? Lisez la *Quotidienne* du 26 : elle a dit tout, et au mieux. Ah ! que le Président du Conseil ne revient-il enfin sur

l'eau, se dégageant au plus vite de l'énorme far-
deau du Ministère des Finances, par lequel il est
entraîné, et, qui pis est mille et mille et fois, il
entraîne avec lui l'innocente France dans un
gouffre, dans un abîme, d'où nul Ministre n'est
encore revenu, et d'où nul Etat ne s'est jamais
tiré qu'à grand peine, à grands frais, qu'après un
bien long laps de temps !

Et cependant, on finit. C'est la dernière ligne
de 250 pages, de 6 brochures publiées coup sur
coup, distribuées aux Députés et aux Pairs, don-
nées à qui en voulait ou n'en voulait pas, et tou-
téfois ni lues ni entendues, ni pesées, que par si
peu de personnes ; de six brochures qui ont traité
de tous les points relatifs à la discussion et ont
réfuté tous les motifs, à mesure qu'il en était in-
venté de nouveaux ; qui, de plus, ont, parfois,
peut-être, jeté des aperçus de quelque prix, en
morale, en politique, et même en finances.

On ne sait que trop comment la dure leçon
du temps doit venir enfin rendre justice, non
pas au style et à la méthode, à quoi on ne porte
nulle prétention, mais aux intentions qui ont
inspiré, aux rapprochemens, aux réflexions,
aux recherches de toutes sortes qui y sont ré-
pandus.

On ne l'ignore pas, déjà les *Scrupules* ont pénétré dans des esprits jusqu'alors récalcitrans; bientôt le *Bon droit et le bon sens* reprendront quelque empire ; bientôt l'*Illégalité et l'immoralité* se feront reconnaître, et les *Paroles de justice et de raison* finiront par être comprises.

Les formes ont été variées, ont été toutes employées, ignorant par quelle voie il était plus facile d'attirer l'attention et d'exciter à la méditation. On a pris jusqu'au ton de l'ironie, obligé qu'on était de jeter un voile sur les expressions trop fortes qu'aurait pu arracher l'indignation.

Que celui-là qui serait tenté d'accuser ou de blâmer, se donne la peine de descendre en lui-même ; et puis, qu'il prononce !

Obscur et inconnu, étranger en ce monde, libre de craintes et d'espérances, exempt de tout amour-propre, dénué de renom et dépourvu de talent, n'ayant que de l'âme et du sens : voilà l'homme.

Grand Dieu ! que ne lui est-il donné de pouvoir dire : FRAPPE , MAIS ÉCOUTE !

PARIS, DE L'IMPRIMERIE D'A. ÉGRON,
rue des Noyers, n° 57.